CALAVERAS
LIBRO PARA COLOREAR

CALAVERAS
LIBRO PARA COLOREAR

Ediciones MAAN S. A. de C. V.,
Nicolás San Juan 1043,
03100, México, Ciudad de México

1a. edición, agosto 2016.

Sugar Skulls. Colouring book

Ediciones Maan S. A. de C. V. sello editorial infantil de
Grupo Editorial Tomo, S. A. de C. V.
Nicolás San Juan 1043, Col. Del Valle
03100 Ciudad de México.
Tels. 5575-6615, 5575-8701 y 5575-0186
Fax. 5575-6695
www.edicionesmaan.com
ISBN-13: 978-607-720-153-3
Miembro de la Cámara Nacional
de la Industria Editorial N.º 3647

Traducción: Marco Antonio Garibay
Diseño de portada: Karla Silva
Formación tipográfica: Karla Silva
Supervisor de producción: Leonardo Figueroa

Este libro se publicó conforme al contrato establecido entre
Arcturus Publishing Limited, Ediciones Maan, S. A. de C. V. y *Grupo Editorial Tomo, S. A . de C. V.*

Impreso en México - *Printed in Mexico*

INTRODUCCIÓN

Este libro para colorear contiene más de 100 calaveras para que las personalices y hagas tuyas. El diseño de brillantes y coloridas calaveras de azúcar ha tenido mucha popularidad en todo el mundo; puedes encontrarlas en varias formas y tamaños: en playeras, joyería, grafitis y tatuajes. Las calaveras de azúcar son un símbolo del Día de Muertos, una festividad mexicana que honra la vida de los seres queridos que han muerto. Y aunque suene espeluznante, es en verdad un evento maravilloso y familiar.

Divertidas, exóticas y llenas de detalles psicodélicos, estos intrincados trazos despertarán al artista que llevas dentro y te mantendrán ocupado por horas. Para tener mejores resultados, echa mano de los lápices más coloridos y brillantes que puedas encontrar. Incluso puedes sentirte inclinado a incorporar ideas propias basándote en las calaveras de este libro. En la vida real, las calaveras de azúcar son decoradas con lentejuelas, plumas, cuentas, papel aluminio de colores y glaseado. Puedes incluir cualquier tipo de decoración que gustes al momento de colorearlas; mientras más tenga ¡más alegre estará!

Deja que tu imaginación arme una revuelta, ¡y diviértete mucho coloreando tu calavera!

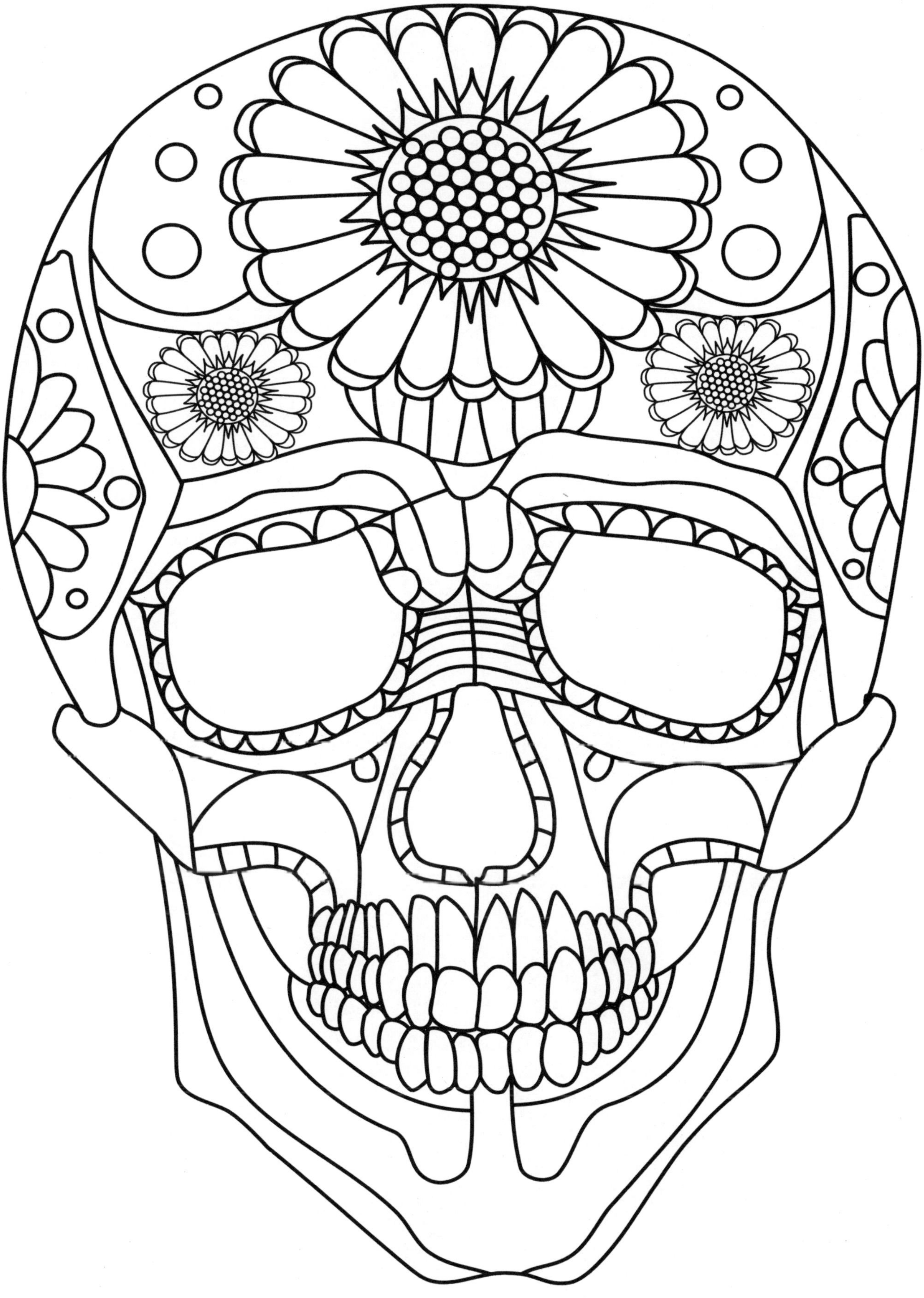

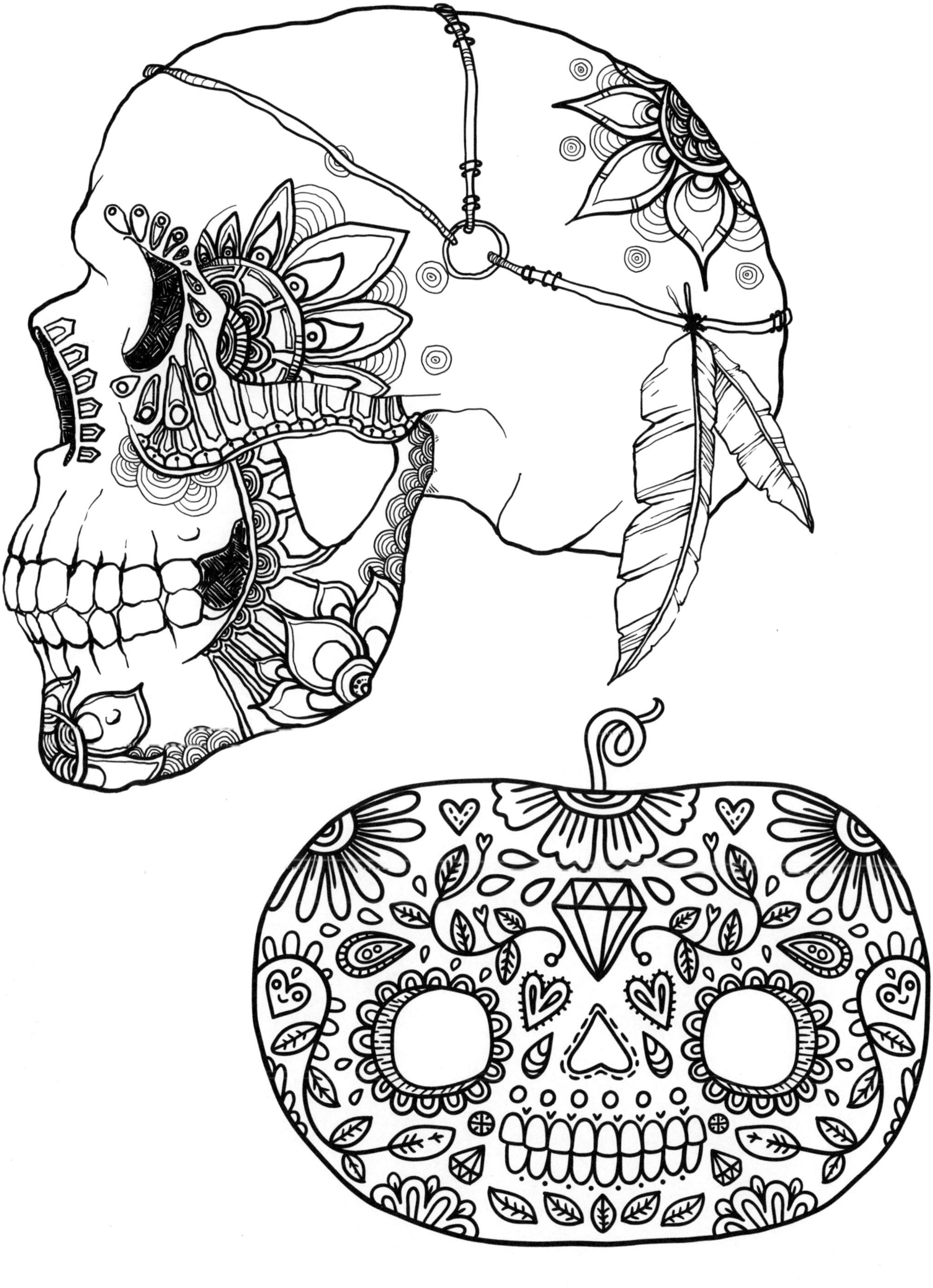

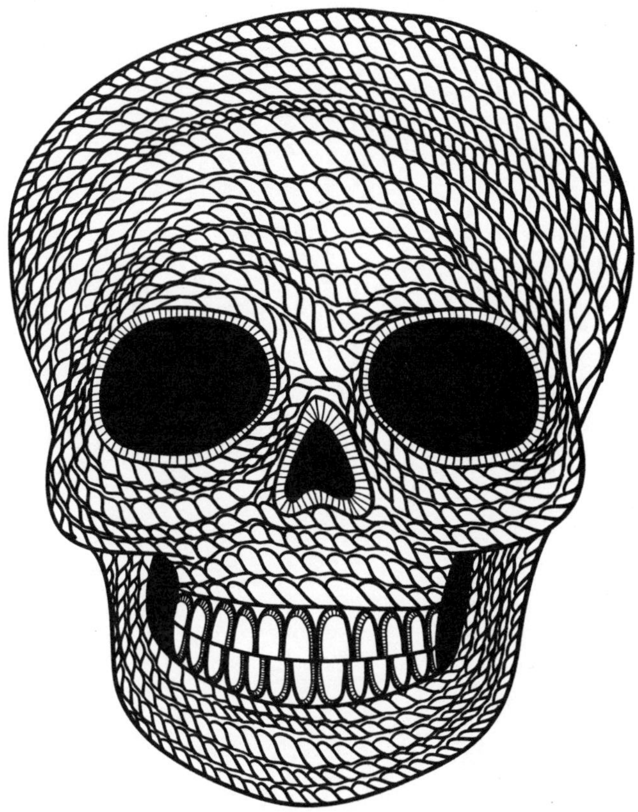